La Breve Storia delle Guerre in Afghanistan

L'Operazione Ciclone, i Mujahideen, le Guerre Civili Afghane, l'Invasione Sovietica e l'Ascesa dei Talebani

Esclusione di responsabilità

Introduzione

La guerra afghana (in russo: Афганская война;
Afganskaya wojna) è iniziata con l'arrivo dei sovietico-russi
in Afghanistan il 24 dicembre 1979. Questa guerra tra
l'Unione Sovietica da una parte e i mujahedin (combattenti
della resistenza islamica) dall'altra si è conclusa il 15
febbraio 1989 con il ritiro delle truppe sovietiche
dall'Afghanistan, dopo il quale è scoppiata la guerra civile
afghana.

Indice dei contenuti

Storia precedente

In passato l'Afghanistan ha avuto diverse sfere di influenza. Nel XIX secolo, da nord, l'Impero russo si spinse sempre più a sud, con l'obiettivo finale di un porto meridionale sul mare. Da lì, l'Impero britannico cercò di imporsi nella regione, per il suo valore geostrategico, al fine di proteggere l'India britannica, la colonia della corona, dall'espansionismo zarista (cfr. Il Grande Gioco). Per tre volte hanno mosso guerra contro gli scià dell'Afghanistan: la Prima guerra britannico-afghana (1838-1842), la Seconda guerra britannico-afghana (1878-1880) e la Terza guerra britannico-afghana (1919), senza successo. Tuttavia, sono riusciti a far rientrare l'area nella loro sfera di influenza. Con l'indipendenza di India e Pakistan nel 1947, l'importanza geostrategica è venuta meno e l'influenza sovietica è aumentata.

La corsa al comunismo

Dal 1933 al 1973, il re Mohammed Zahir Shah ha governato l'Afghanistan. Dal 1953 al 1963, suo nipote Mohammed Daoed Khan fu primo ministro sotto il suo governo. Dopo il 1959, alle donne non fu più richiesto di indossare il velo e fu permesso loro di studiare nelle scuole e nelle università. Nel 1965 è stato introdotto un parlamento con elezioni libere. In questi anni, il partito filocomunista afghano, il Partito Democratico del Popolo dell'Afghanistan, fortemente affiliato all'Unione Sovietica, ha conosciuto una grande crescita. Nel 1967 si verificò una scissione all'interno del partito in due gruppi: il Khalq (Massa del Popolo) guidato da Nur Muhammad Taraki e Hafizullah Amin, e il Parcham (Bandiera) guidato da Babrak Karmal.

Mohammed Zahir Shah

Mohammed Zahir Shah (pashtu: شاه ظاهر محمد, persiano: ظاهرشاه محمد) (Kabul, 15 ottobre 1914 - ivi, 23 luglio 2007) è stato l'ultimo re (shah) dell'Afghanistan. Ha governato per un totale di quattro decenni, dal 1933 fino al colpo di Stato del 1973. Al suo ritorno dall'esilio, nel 2002, gli è stato conferito il titolo di Padre della Nazione.

Il passato di Zahir Shah

Zahir Shah nacque a Kabul come figlio di Mohammed Nadir Shah, capo della famiglia reale (del clan Mohumedzai, tributario della dinastia Barakzai) e capo dell'esercito afghano sotto l'ex scià Amanoellah Khan. Nadir Shah salì al trono dopo l'esecuzione di Habiboellah

Kalakani il 10 ottobre 1929. Il padre di Mohammed Zahir nacque a Dehradun, in India, quando la sua famiglia andò in esilio a causa della seconda guerra anglo-afghana.

Nadir Shah era un discendente di Mohammad Yusuf Khan Telai, fratellastro di Dost Mohammed Khan. Il suo bisnonno Mohammad Yahya Khan fu responsabile dei negoziati tra Yaqub Khan e gli inglesi che portarono al patto di Gandamak. L'invasione britannica fu seguita dall'assassinio di Sir Louis Cavagnari nel 1879. Yakub Khan e Yahya Khan furono catturati dagli inglesi e portati in India, dove furono trattenuti fino a quando l'emiro Abdoer Rahman Khan li richiamò in Afghanistan nell'ultimo anno del suo governo (1901).

Zahir Shah è stato educato in una classe speciale per principi presso la scuola Habibia di Kabul. Continuò gli studi in Francia, dove il padre fu inviato in missione diplomatica. Ha studiato all'Istituto Pasteur e all'Università di Montpellier. Dopo essere tornato in Afghanistan, ha aiutato il padre e gli zii a ristabilire l'ordine durante un periodo di caos nel Paese. In seguito è stato coinvolto in una scuola militare e nominato ministro privato. Zahir Shah ha ricoperto incarichi di governo come Ministro della Guerra e Ministro dell'Istruzione.

Zahir Shah parlava correntemente pashtu, persiano e un po' di francese, inglese e italiano. La sua preferenza per il persiano gli ha conferito grande prestigio presso il gruppo più importante del Paese, l'élite di Kabul.

Regno di Zahir Shah

Zahir ha frequentato la scuola di fanteria a Kabul e un liceo a Montpellier, in Francia. Nel 1932 divenne ministro dell'Istruzione. Meno di un anno dopo, in seguito all'assassinio del padre Mohammed Nadir Shah l'8 novembre 1933, Zahid Khan fu nominato scià. Al momento della sua ascesa al trono, gli fu dato il titolo di Fiduciario di Dio, seguace della religione dell'Islam. Per i primi 30 anni, tuttavia, dovette condividere il potere con gli zii Mohammad Hashim Khan e Shah Mahmoed Khan.

Questo periodo ha visto una crescita delle relazioni dell'Afghanistan con la comunità internazionale. Nel 1934, l'Afghanistan divenne membro della Società delle Nazioni e ricevette il pieno riconoscimento degli Stati Uniti. È notevole che negli anni Trenta l'Afghanistan abbia raggiunto accordi di assistenza all'estero con i suoi principali partner commerciali: Germania, Italia e Giappone.

Durante il suo governo, Zahir cercò di portare avanti la modernizzazione. Pur mantenendo strette relazioni con la vicina Unione Sovietica, egli perseguì tuttavia una politica estera del tutto indipendente. A causa di intrighi all'interno della famiglia reale, la sua posizione si indebolì notevolmente negli anni Sessanta. In realtà, l'amministrazione del Paese è stata osservata per anni dai membri della famiglia, tra cui uno zio e suo nipote Muhammad Daoed Khan. Questo nipote depose Zahir il 17 luglio 1973 mentre si trovava in Italia per cure mediche. Daoed Khan abolì la monarchia e si proclamò presidente. Sei anni dopo, nel 1979, fu assassinato dai comunisti.

Dalla sua deposizione nel 1973 fino al 2002, Mohammed Zahir Shah ha vissuto con la sua famiglia nella periferia romana dell'Olgiata, dove coltivava pomodori. Durante l'occupazione comunista dell'Afghanistan e la successiva guerra civile, è stato visitato da numerosi connazionali e diplomatici internazionali nella speranza di poterlo convincere a svolgere un ruolo chiave nella riconciliazione delle numerose fazioni afghane.

Infine, nel 2002, all'età di 87 anni, Zahir Shah è stato il fattore decisivo per la formazione del governo Karzai. Di conseguenza, dopo che Karzai è stato designato leader di un governo di transizione nella conferenza di Petersberg, vicino a Bonn, si è recato senza indugio a Roma, dove

Zahir Shah gli ha dato la "benedizione paterna". L'ex re ha chiesto l'organizzazione di una Loya jirga, un consiglio costituente alla presenza di tutti i capi, amministratori e leader etnici e spirituali del Paese. Karzai ha accompagnato personalmente l'ex monarca nell'aprile 2002 nel suo viaggio da Roma a Kabul, dove Zahir avrebbe guidato questo incontro straordinario.

Da allora, Zahir Shah è tornato a vivere a Kabul, dove, tra l'altro, ha partecipato all'insediamento del primo Parlamento del dopoguerra il 19 dicembre 2005 e si è rivolto ai parlamentari. Il 23 luglio 2007 è morto all'età di 92 anni, dopo una malattia durata un mese. Il Presidente Karzai ha dichiarato tre giorni di lutto nazionale.

Il colpo di stato del 1973

Daoed organizzò un colpo di Stato con l'aiuto di ufficiali comunisti dell'esercito. Il 17 luglio 1973, Daoed salì al potere dopo aver deposto il re Zahir Shah a causa delle cattive condizioni economiche e del sospetto di corruzione. Si proclamò presidente della nuova repubblica, ponendo fine alla monarchia.

Nel governo di Daoed entrarono membri della fazione comunista Parcham. Le libertà civili sono state eliminate e gli oppositori politici sono stati soppressi. Le sue riforme socio-economiche non ebbero successo e il governo di

13

Daud si trasformò in uno Stato monopartitico di sinistra. La dipendenza dall'Unione Sovietica era una spina nel fianco di Daud, che cercò un riavvicinamento con altri Paesi islamici, come l'Iran e il Pakistan, ma rifiutò l'islamismo. Nel 1975, Daud rimosse i comunisti dal suo governo. Alimentato dalle cattive condizioni, il Partito Democratico del Popolo si unì di nuovo, sotto la pressione dell'Unione Sovietica.

Chi era Daoed Khan?

Muhammad Daoed Khan (pashtu: خان داود محمد) (Kabul, 18 luglio 1909 - lì, 28 aprile 1978) è stato un sardar (principe) e statista afghano. Daoed Khan apparteneva alla famiglia reale dell'Afghanistan ed era nipote e cognato del re Mohammed Zahir Shah.

Daoed ha ricevuto una formazione militare in Francia e nell'India britannica (l'attuale India) e ha ricoperto vari incarichi diplomatici a partire dagli anni Trenta. Negli anni '30, Daoed è stato governatore. Nel 1939 raggiunse il grado di tenente generale dell'esercito. Nel 1953, Daoed Khan divenne primo ministro. Ha introdotto un massiccio piano di riforme. Con l'aiuto dell'Unione Sovietica e degli Stati Uniti, le infrastrutture afghane sono state migliorate e sono stati costruiti aeroporti. Daoed si è anche battuto per l'emancipazione femminile. Per i buoni contatti che manteneva con l'Unione Sovietica, veniva talvolta chiamato "Principe Rosso". Nel 1963, Daud fu messo da parte dal re Zahir Shah, che nel 1965 diede all'Afghanistan una nuova costituzione e indisse le elezioni. Secondo la nuova costituzione, i membri stretti della famiglia reale non potevano più ricoprire incarichi ministeriali.

A partire dai primi anni Settanta, Daoed cercò contatti con politici liberali, intellettuali di sinistra ma soprattutto con il personale militare.

Il primo presidente dell'Afghanistan

Il 17 luglio 1973, Daoed, con la collaborazione di alcuni comunisti e militari di sinistra, organizzò un colpo di Stato che pose fine alla monarchia. Daoed è diventato presidente e primo ministro della Repubblica dell'Afghanistan. Alcuni politici e militari di sinistra furono inclusi nel governo, ma nel 1975 furono sostituiti da ministri conservatori e parenti di Daoed Khan. Nel dicembre 1976, un tentativo di colpo di Stato guidato dal generale Mir Achmad Shah, che era stato tramato per spodestarlo, fallì.

All'inizio del 1977, la Loya jirga, la prima assemblea tradizionale degli anziani dopo il colpo di Stato del 17 luglio 1973, ha adottato una nuova costituzione che ha reso l'Afghanistan uno Stato monopartitico con il Partito rivoluzionario nazionale (HIM, Hezb-e Inqelab-e Milli) come unico partito ammesso. La Sharia (legge islamica) è stata dichiarata legge suprema.

Come presidente, Daoed Khan cercò la neutralità. L'adesione dell'Afghanistan al CENVO è stata da lui rifiutata.

Il 28 aprile 1978, gli ufficiali militari di sinistra, il maggiore Aslam Watanjer e il colonnello Abdoel Qadir, riuscirono a fare un colpo di Stato. Nel corso del processo, il Presidente Daoed e 17 suoi familiari e collaboratori sono stati giustiziati e i comunisti filo-russi del Partito Democratico del Popolo dell'Afghanistan sono saliti al potere.

Ritrovamento del corpo e nuova sepoltura

Il luogo in cui si trovavano i corpi di Khan e dei suoi seguaci è stato a lungo tenuto all'oscuro. Nel luglio 2008, su indicazione di un generale coinvolto nella loro sepoltura nel 1978, è stata scoperta una fossa comune nella regione di Pul-e Charkhi, a est di Kabul. Il 4 dicembre dello stesso anno, il ministero della Sanità afghano ha annunciato che era stato accertato che uno dei 17 corpi riesumati era quello di Khan. La conclusione è stata tratta dalle impronte dentarie e dalla vicinanza di un Corano d'oro, che il presidente aveva ricevuto dal re dell'Arabia Saudita.

Il 17 marzo 2009, i corpi di Khan e di 15 membri della famiglia sono stati ufficialmente riseppelliti su una collina fuori Kabul, dopo una cerimonia nell'ex palazzo

presidenziale alla quale hanno partecipato il presidente
Hamid Karzai, ministri e generali oltre ai parenti più stretti.

Nur Muhammad Taraki

Daoed fu rimosso con il colpo di Stato comunista del 27 aprile 1978. Daoed e gran parte della sua famiglia furono successivamente assassinati da membri di questo partito il 27 aprile 1978. Il segretario generale del partito, Nur Muhammad Taraki, divenne poi primo ministro e presidente. Dopo il colpo di Stato, circa 10.000 sostenitori del vecchio governo furono uccisi dai comunisti. Circa 14.000-20.000 persone sono state messe in prigione. Anche le riforme di Taraki non hanno avuto successo, costringendolo a cedere la premiership al suo ex collega leader del Khalq, il più radicale Hafizullah Amin. Tuttavia, la resistenza si intensificò, portando Taraki ad apprendere in Unione Sovietica che Amin doveva essere eliminato. Amin fiutò il tradimento e fece strangolare Taraki dopo il suo ritorno dall'Unione Sovietica.

Il governo comunista ha rotto con la vita tradizionale della società afghana. Furono aboliti i debiti e le ipoteche legati alla produzione agricola e fu diffusa la propaganda antireligiosa. Nel luglio 1978 si verificano le prime rivolte. Il governo comunista e i suoi consiglieri sovietici usarono la violenza su larga scala. Nel marzo 1979, 1.700 uomini e ragazzi del villaggio di Kerala, nella provincia di Kunar, furono radunati nella piazza del villaggio e uccisi a colpi di mitra dalle truppe governative. I cadaveri e i feriti sono stati gettati in tre fosse comuni e seppelliti con i bulldozer. Per qualche tempo, le donne hanno potuto vedere il terreno muoversi a causa dei feriti che cercavano di sfuggire alla tomba.

Tuttavia, Amin perse l'autorità a favore dei Mujahedin, un movimento di resistenza islamica. Per ampliare il sostegno sovietico, nel marzo 1979 diversi MiG di base sovietica sono stati utilizzati per bombardare Herat, tenuta dai combattenti anticomunisti. Il bombardamento e la successiva presa della città da parte delle forze di terra causarono la morte di 5.000-25.000 persone, su una popolazione totale di 200.000 abitanti. L'attacco a Herat ha portato a grandi rivolte in tutto il Paese. Ciò ha intensificato il sostegno dell'Unione Sovietica. Nella prigione di Pul-e-Charkhi, centinaia di persone al giorno venivano uccise, alcune sepolte vive nelle latrine. Nel settembre 1979, l'amministrazione carceraria riconobbe che più di 12.000 prigionieri erano stati uccisi.

21

Mujahedin

Mujahedien è la forma plurale di mujahed (مجاهد), che letteralmente significa in arabo "combattente", "zelante", qualcuno impegnato nella jihad o nella "lotta", ma è spesso tradotto come guerriero santo. Alla fine del XX secolo, il termine mujahedin è stato spesso utilizzato dai media per descrivere vari combattenti armati che sposavano le ideologie fondamentaliste musulmane.

Mujaheddin afghani

I mujahedin più noti e temuti sono stati i vari gruppi di opposizione alleati che hanno combattuto contro l'invasione sovietica dell'Afghanistan tra il 1979 e il 1989 e si sono poi scontrati nella successiva guerra civile. Questi

mujaheddin furono principalmente finanziati, armati e
addestrati da Stati Uniti (sotto le presidenze di Jimmy
Carter e Ronald Reagan), Cina, Pakistan e Arabia Saudita.
Carter iniziò questa operazione (segreta) con il nome di
"Operazione Cyclone". Reagan chiamò questi mujaheddin
"combattenti per la libertà...". che difendono i principi di
indipendenza e libertà che costituiscono la base della
sicurezza e della stabilità globale".

In Occidente, i Mujahideen sono stati ritratti positivamente
nei popolari film d'azione The Living Daylights, Rambo III e
La guerra di Charlie Wilson. Dopo il ritiro dei sovietici, i
mujaheddin si sono disintegrati in due fazioni in guerra,
l'Alleanza del Nord e i Talebani, che hanno combattuto una
guerra civile per il controllo dell'Afghanistan.

23

Il ricco saudita Osama bin Laden è stato un importante organizzatore e finanziatore dei mujaheddin; il suo Maktab al-Khadamat (MAK), "Ufficio Servizi", ha convogliato in Afghanistan denaro, armi e combattenti islamici da tutto il mondo, con il sostegno dei governi statunitense, pakistano e saudita. Nel 1988, Bin Laden ruppe con il MAK, insieme ad altri membri militanti, e formò Al-Qaeda, per trasformare la resistenza contro l'Unione Sovietica in un movimento islamico fondamentalista globale.

L'intervento sovietico

Il nucleo centrale del Politburo (Aleksey Kosygin, Konstantin Chernenko e Yuri Andropov) propose un cambiamento di rotta. Leonid Brezhnev accettò. Il 24 dicembre 1979 si verificò l'intervento sovietico in Afghanistan. Amin ne era a conoscenza in anticipo e aveva acconsentito (Braithwaite 2011, p. 87).

Un cuoco sovietico tentò di avvelenare Amin, ma fallì perché bevve la Coca-Cola, il cui acido agì sul veleno. Di conseguenza, le truppe sovietiche inviate a proteggere il palazzo hanno bombardato loro stesse il palazzo di Amin. È stato trovato morto nel bar del terzo piano.

Il docile Babrak Karmal salì al potere. Il suo aggiornamento dell'Islam si è rivelato insufficiente. Inoltre, la presenza dei soldati sovietici atei era un motivo in più per resistere.

La CIA ha sostenuto gli insorti con armi fornite dai servizi segreti pakistani. Questa era la politica anticomunista di Zbigniew Brzeziński e poi di Ronald Reagan. Gli insorti hanno ricevuto prima fucili britannici Lee-Enfield, armi anticarro e infine missili Stinger, che un fante poteva

sparare dalla spalla per abbattere elicotteri o aerei dal
cielo. La CIA ha fornito armi per un miliardo di dollari.

Durante i nove anni di guerra, l'esercito sovietico e i
comunisti afghani riuscirono a controllare non più del 20%
del territorio del Paese.

Ufficialmente, gli afghani hanno dovuto pagare con le
risorse l'intervento sovietico. In totale furono inviate nel
Paese più di 600.000 truppe sovietiche, di cui 14.751
morirono. Le donne sono state lanciate dagli elicotteri russi
e interi villaggi sono stati distrutti.

L'esercito sovietico si dimostrò incapace di sconfiggere i mujaheddin. Gli Stati Uniti diffidavano dei sovietici perché l'Afghanistan li avvicinava ai pozzi di petrolio. La condanna delle Nazioni Unite ha reso le cose ancora più difficili.

L'ascesa al potere di Mikhail Gorbaciov ha portato al ritiro dall'Afghanistan. Nel suo libro Perestroika, Mikhail Gorbaciov scrisse nel 1987 che lo scopo dell'invasione era "rompere gli schemi medievali" per "modernizzare le istituzioni politiche e sociali e dare una marcia in più al progresso". Scriveva inoltre: "Vogliamo che i nostri soldati tornino a casa il prima possibile (...) L'Unione Sovietica vuole che l'Afghanistan sia indipendente, sovrano e non allineato, come prima.

È diritto sovrano dello Stato afghano decidere quale strada intraprendere, quale governo avere e quali programmi di sviluppo attuare.

L'interferenza statunitense ritarda il ritiro delle nostre truppe e ostacola l'introduzione della politica di riconciliazione nazionale e quindi la risoluzione dell'intera questione afghana".

Solo nel 1989 l'Unione Sovietica si ritirò dal Paese. Durante la ritirata, hanno attaccato le milizie settentrionali di Achmed Shah Massoud per volere del governo centrale, nonostante fosse stata promessa loro la libertà di ritirarsi.

La guerra ha creato cinque milioni di rifugiati in Pakistan e Iran. Si stima che siano state uccise tra 1,5 e 2 milioni di persone, il 90% delle quali civili.

Dopo la guerra

Dopo la guerra, le divisioni tra i mujaheddin in Afghanistan hanno creato una guerra civile. Nel 1996, i Talebani sono saliti al potere e la situazione si è ampiamente stabilizzata. Dopo gli attentati dell'11 settembre 2001, i Talebani sono stati accusati dagli americani di sostenere Al-Qaeda, il movimento terroristico di Osama Bin Laden, e gli americani e i loro alleati hanno deciso di intraprendere una guerra contro i Talebani. La forza multinazionale ISAF sta assistendo il processo di democratizzazione.

Guerra civile afghana (1989-2001)

La guerra civile afghana rappresenta un episodio della storia moderna dell'Afghanistan, dal febbraio 1989 all'ottobre 2001, all'interno della più ampia guerra in Afghanistan che infuria dal 1978.

Il conflitto è iniziato con un colpo di Stato comunista nell'aprile 1978, noto come Rivoluzione di Saur. Nel 1979 scoppiarono diverse rivolte contro il nuovo regime comunista. L'intervento sovietico-russo in Afghanistan (1979-1989) aveva lo scopo di sostenere il regime comunista contro le rivolte. Ciò è dovuto in parte al fatto che i combattenti islamici di molti Paesi si sono sentiti chiamati a cacciare i comunisti "senza Dio" dal Paese. Alcuni di questi ribelli ricevettero il sostegno degli Stati Uniti, che sfruttarono questa opportunità per indebolire l'Unione Sovietica, suo acerrimo nemico durante la Guerra Fredda. L'Armata Rossa fu sconfitta e lasciò il Paese nel febbraio 1989.

Già tra il 1987 e il 1989, diverse fazioni di ribelli islamisti si sono scontrate tra loro mentre i russi erano ancora nel Paese. Secondo diversi rapporti pubblicati negli anni '80, l'Hezb-i Islami di Gulbuddin Hekmatyar in particolare ha acquisito una cattiva reputazione per aver attaccato altri gruppi di resistenza, specialmente quello di Ahmad Shah Massoud, e per aver razziato o bloccato i loro rifornimenti di cibo e armi e le carovane delle organizzazioni umanitarie.

Correre

La guerra ha attraversato diverse fasi ed è scaturita da precedenti conflitti armati in Afghanistan, iniziati nell'aprile del 1978. Il ritiro delle truppe sovietiche nel febbraio 1989 può essere visto come l'inizio della guerra civile afghana, ma essenzialmente c'erano stati anni di conflitto armato tra le varie fazioni ribelli prima di allora. Inoltre, la guerra civile non è mai realmente "finita", ma è sfociata in una nuova guerra con l'intervento degli Stati Uniti nel 2001.

La storia dell'invasione russa

È una fredda sera di aprile del 1980. Il sole sta tramontando dietro le cime innevate dei monti Hindu Kush mentre una colonna di veicoli dell'esercito russo attraversa il paesaggio montuoso. Il rumore dei carri armati e dei camion riempie la valle del Panjshir, a nord della capitale afghana Kabul. Il convoglio raggiunge uno stretto passaggio con un precipizio da un lato e una ripida parete rocciosa dall'altro.

Il venticinquenne Vladimir Polyakov si sta godendo la vista delle splendide montagne quando improvvisamente sente qualcosa. L'ufficiale alto e moro si rende conto che sono stati attaccati dai ribelli locali - i cosiddetti mujahedin - e pochi secondi dopo la sua unità è sepolta da proiettili e granate. Lui e i suoi uomini saltano fuori dai loro camion e si riparano dietro le rocce.

Per minuti il tenente sente che i suoi soldati sono sotto il fuoco pesante di un nemico invisibile. Si rende conto che i russi non sopravviveranno a questo attacco se continueranno a nascondersi dietro le rocce. Polyakov fa cenno ai suoi uomini di salire sul ripido fianco della

montagna per attaccare i mujaheddin sul loro altopiano.
Ma quando finalmente arrivano, gli afghani sono già
lontani, scomparsi nel cuore della notte.

All'alba, i russi scendono di soppiatto dal versante della
montagna e al sole del mattino contano circa 25 compagni
uccisi nell'imboscata. Probabilmente i russi non hanno
ferito nemmeno un moedjahedien. Sconfortati, sollevano i
soldati caduti dal terreno intriso di sangue.

Polyakov e i suoi compatrioti sono venuti in Afghanistan
per combattere un'eroica battaglia per il comunismo. Ma
appena cinque mesi dopo l'invasione russa del Paese
vicino, i soldati si rendono conto che la guerra costerà loro
cara - e i problemi sono appena iniziati.

L'Unione Sovietica vuole un vicino comunista

Negli anni '70, l'Unione Sovietica si interessò sempre più all'Afghanistan devastato dalla guerra. In realtà, l'arido Paese vicino, con le sue montagne e i suoi deserti, non era di particolare interesse per la superpotenza, che però, a causa della Guerra Fredda, voleva una "zona cuscinetto" di alleati.

Mosca ha quindi guardato con soddisfazione quando il Partito Comunista Afghano, il PDPA, è salito al potere nel 1978 dopo un colpo di Stato.

Il PDPA introduce il diritto di voto per le donne, il divieto di matrimoni forzati e riforme di stampo russo. Ma quasi tutti i 20 milioni di afghani sono musulmani e le riforme provocano una rivolta dei gruppi islamisti, che iniziano una lotta armata contro il governo.

Anche all'interno del PDPA la situazione è incerta. Nell'autunno del 1979, Hafizullah Amin giustiziò il precedente presidente e prese il potere.

Mosca comincia comunque a preoccuparsi. La leadership sovietica, guidata da Leonid Brezhnev, non si fida di Amin, che secondo i russi è più filoamericano del suo predecessore. Pertanto, il Cremlino decide di intervenire in Afghanistan. I russi vogliono prendere due piccioni con una fava: mettere al potere un leader filorusso - il comunista Babrak Karmal - e fare qualcosa contro la minaccia dei ribelli afghani, sostenuti dai vicini musulmani.

È stato deciso di inviare diverse unità russe nella Repubblica Democratica dell'Afghanistan. Saranno dislocati nelle regioni meridionali del Paese per prevenire eventuali azioni antiafghane da parte dei Paesi vicini", si legge in un'istruzione di Mosca del 24 dicembre 1979.

Anche i russi decidono di liberarsi di Amin. A dicembre, avevano già tentato di ucciderlo facendo mettere del veleno da un cuoco russo nella sua amata Coca-Cola.

L'attacco fallì: solo il nipote di Amin entrò in coma quando assaggiò la cola. Per evitare nuovi errori, i russi inviano gli Spetsnaz a Kabul.

Soldati d'élite liquidano il leader

35

La mattina del 27 dicembre, Hafizullah Amin è di buon umore. Questo perché ha appena saputo che Mosca gli invierà dei soldati per combattere i ribelli musulmani. Quello che non sa è che lui stesso è nel mirino dei russi e che i soldati d'élite Spetsnaz sono pronti a prendere d'assalto il Palazzo Tajbeg fuori Kabul.

Alle 19.30 i soldati Spetsnaz aprono il fuoco contro i soldati governativi che difendono il palazzo. I veicoli corazzati russi salgono rapidamente la collina verso il palazzo, lanciando granate e sparando intorno a loro con i kalashnikov. Quando raggiungono il palazzo, i soldati d'élite saltano fuori e si fanno strada attraverso le finestre.

Quando l'ultimo carro armato sovietico uscì dal Paese, il governo socialista della Repubblica Democratica dell'Afghanistan controllava ancora la maggior parte delle città principali e le strade che le collegavano, mentre le zone rurali erano cadute nelle mani di diverse milizie. Queste varie fazioni ribelli, quasi tutte di matrice islamica, combatterono il governo per altri tre anni, finché nell'aprile 1992 la capitale Kabul cadde finalmente nelle loro mani e il presidente Mohammed Nadjiboellah fu costretto a dimettersi il 15 aprile.

Poiché i russi hanno nuovamente tentato di avvelenare il duro Amin durante il pranzo, egli viene curato da due medici mentre il palazzo è sotto attacco. È il caos più totale, ma Amin è ancora convinto che i russi siano dalla sua parte. Ottimisticamente, dice al suo aiutante: "I russi vogliono aiutare!". Quando l'aiutante dice che in realtà sono i russi ad attaccarli, Amin gli lancia un posacenere in testa. Si rifiuta di credergli.

Ma dopo aver tentato senza successo di chiamare i russi un paio di volte, si accascia sulla sedia, sconcertato, e borbotta: "Lo sapevo". È vero".

Gli Spetsnaz conquistano i corridoi del palazzo, i colpi risuonano ovunque. Tra il rumore, il figlio di 5 anni di Amin corre dal padre e si aggrappa alle sue gambe.

Dobbiamo andarcene. Qui è pericoloso. Non ha più bisogno di noi", dice un medico all'altro prima di andarsene.

Pochi secondi dopo, i soldati russi raggiungono il presidente. Gli sparano con i fucili automatici e per sicurezza lanciano anche una granata. Amin e suo figlio vengono fatti a pezzi.

37

Prima che il sole sorga la mattina successiva, altre truppe russe hanno catturato edifici governativi e stazioni radiotelevisive a Kabul. Durante il notiziario del mattino, Radio Kabul riferisce che Hafizullah Amin è stato processato e giustiziato come "nemico del popolo". Babrak Karmal è il nuovo leader del Paese.

Allo stesso tempo, quasi 100.000 truppe sovietiche e migliaia di veicoli dell'esercito stanno attraversando il confine e si diffondono a ventaglio in tutto l'Afghanistan. Mosca pensa che una volta che l'esercito avrà il controllo delle città, dell'industria e delle linee di trasporto, tutto andrà bene. I soldati brillano di orgoglio.

Ci hanno detto che siamo stati fortunati. Ci era stato dato il grande onore di svolgere una missione internazionale in Afghanistan per conto del Partito", mi ha raccontato il ventenne soldato russo Ivan Kovalchuk.

Per i primi giorni, l'avanzata procede bene e l'esercito di occupazione è pieno di ottimismo e fiducia in se stesso. La missione si preannuncia un grande successo. Ma i russi hanno seriamente sottovalutato i loro avversari afghani.

I musulmani si ribellano

Mentre i carri armati russi entrano in Afghanistan, gli insorti islamici - i mujahedin - si preparano a rendere la vita difficile alle forze di invasione e all'esercito del governo Karmal. Gli insorti sono molto diversi e non sono d'accordo su come il loro Paese debba essere governato in futuro. Ma sanno che il comunismo non è la soluzione e che ogni russo o simpatizzante sovietico deve pagare con la vita.

I Mujahedin sanno di dover affrontare una superpotenza militare, ma questi guerrieri sacri combattono con cuore e anima. Fortunatamente per loro, gran parte del mondo è scettico sull'invasione russa e ben presto Paesi musulmani come l'Arabia Saudita, l'Egitto e il Pakistan inviano denaro e armi ai mujaheddin.

Anche gli Stati Uniti presero sul serio questa escalation russa della guerra fredda e presto inviarono migliaia di fucili Lee-Enfield e munizioni.

Le armi vengono contrabbandate in Afghanistan dal Pakistan, dove i ribelli si nascondono tra le montagne. Le forze sovietiche controllano gran parte dell'Afghanistan durante il giorno, ma la sera e la notte sono i mujaheddin a comandare, soprattutto nei passi di montagna, che sono una delle principali vie di rifornimento tra l'Unione Sovietica e l'Afghanistan.

Nel 1980, i russi cadono ripetutamente in imboscate, come l'unità del tenente Vladimir Polyakov nella valle del Panjshir in aprile. Molto astutamente, i guerriglieri attaccano dall'alto con 10-30 uomini e scompaiono prima che i russi possano contrattaccare.

Un'altra tattica dei guerrieri sacri è quella di piazzare mine sulla strada: quando i russi si fermano per eliminarle, i soldati vengono colpiti dai cecchini. Poiché sono praticamente invisibili, i russi chiamano i moedjahedien doechi - fantasmi.

I doechi evitano il confronto diretto, ma le loro imboscate rendono difficile alle nostre truppe una manovra rapida e operativa. In breve, sono bestie astute", dice un ufficiale russo, le cui truppe incontrano regolarmente resistenza nella Valle del Panjshir, lo stretto passaggio presto soprannominato "Valle della Morte".

La valle del Panjshir diventa rosso sangue

Nessun gruppo di mujaheddin ebbe tanto successo quanto quello di Achmed Shah Massud. L'afghano soprannominato "Leone del Panjshir" addestra il suo esercito di guerriglieri nella valle di 145 chilometri, a poche ore di macchina da Kabul.

'Massoed possiede eccellenti doti personali e di leadership. È determinato a raggiungere i suoi obiettivi. Un avversario intelligente e crudele", scrivono i russi nei loro file segreti.

Nei primi due anni di guerra, i russi muoiono tra i cespugli nella valle del Panjshir e quando, nell'aprile 1982, Massoed lancia un audace attacco alla base aerea russa di Bagram, i russi ne hanno abbastanza. Vogliono conquistare la Valle della Morte una volta per tutte e sedare la resistenza.

La mattina del 17 maggio, aerei da guerra ed elicotteri appaiono sopra la valle. Lanciano granate e razzi contro i covi dei mujaheddin. Poche ore dopo, una forza di 10.000

soldati e veicoli da combattimento avanza dall'ingresso sud-ovest della valle, mentre gli elicotteri sganciano i paracadutisti. È una nuova tattica che travolge la guerriglia.

Improvvisamente sono volati 200 elicotteri e sono atterrati 2.000 o 3.000 commando. I nostri moedjahedien sono rimasti totalmente sorpresi. I russi si sono sparpagliati in tutta la valle del Panjshir, quindi non siamo riusciti ad attaccare", ha raccontato in seguito uno dei combattenti di Massood.

Ma Massoed era un genio della tattica. Usando la dinamite per provocare una valanga di roccia, bloccò l'apertura della valle alla maggior parte delle forze russe. Con questo, la minaccia immediata era finita e i mujaheddin nella valle potevano concentrarsi sulla lotta contro i paracadutisti.

Sulle montagne, i russi cercano di dare la caccia ai guerriglieri, ma si muovono sul filo del rasoio. Il soldato Igor Ponomarenko se ne accorge quando con la sua unità tenta invano di attaccare un gruppo di mujaheddin su un crinale.

Camminavamo di roccia in roccia, di pietra in pietra, sempre più in alto, coprendoci a vicenda con i nostri fucili. Ma non tutti hanno raggiunto l'altro lato del terreno roccioso. Abbiamo dovuto abbandonare i morti e i quattro feriti. I guerriglieri hanno iniziato a sparare sui feriti. E noi non potevamo fare nulla per fermarli. Ancora oggi li sento urlare", ha ricordato Ponomarenko dopo la guerra.

Nonostante tutte le battute d'arresto, i russi ottengono temporaneamente il controllo della valle. Ma a causa dei continui attacchi dei mujaheddin, le truppe sovietiche devono abbandonare il passo di montagna poche settimane dopo.

Nel 1984, i russi tentano un attacco ancora più grande, con 20.000 uomini, ma il risultato è lo stesso. Le truppe sovietiche si rendono conto che non riusciranno mai a conquistare completamente la valle del Panjshir. Invece, mirano a mettere all'angolo i mujaheddin con operazioni minori e bombardamenti sui villaggi della valle.

Poiché non sono riusciti a sconfiggerci, ora hanno raffreddato la loro rabbia su persone innocenti. Stanno uccidendo anziani, donne e bambini, distruggendo le loro case e i raccolti", denuncia Massoed.

I russi si demotivano

Dopo anni di operazioni fallite e di compagni caduti, i russi si vendicano sulla popolazione civile per frustrazione. Anche il tenente Poyakov nota che i suoi uomini stanno diventando sempre più violenti e si vergogna quando scopre che non prova alcun rimorso nel vedere un civile afghano con i proiettili in corpo.

Nella valle del Kunar, vicino al confine con il Pakistan, i russi incontrano molti pastori che contrabbandano armi ai mujaheddin, ad esempio legandole sotto la pancia delle loro pecore. Poi i russi fanno un giro di vite. Quando i soldati raccolgono un ragazzo che ha sparato loro con un vecchio fucile e lo riportano al loro accampamento, il loro comandante lo tratta in modo brusco.

Ha spaccato il cranio del ragazzo con il calcio del fucile e lo ha ucciso con un solo colpo, senza alzarsi dalla sedia", ha raccontato un testimone russo.

Poljakov e i suoi compagni sono scioccati nel vedere che la gente del posto aiuta i mujaheddin. In effetti, ai soldati di Mosca è stato detto che sono in Afghanistan per aiutare gli afghani contro gli imperialisti e i ribelli islamisti.
45

Ma la popolazione non aspetta affatto i russi e più gli stranieri devastano, più aumenta il sostegno ai ribelli musulmani, che ora si travestono anche da civili. I mujaheddin si nascondono dietro burka e vestiti da contadini e piazzano mine negli orologi e nei registratori delle case dei villaggi.

I soldati russi sono sempre più frustrati dalla mancanza di progressi e la vita nelle montagne e nel deserto afghano è desolante.

Sabbia negli occhi, sabbia in bocca, sabbia nelle vene", cantano i soldati nelle caserme.

In inverno la neve cade sulle montagne e le estati sono caldissime. I russi camminano in mutande e cercano di sfuggire al caldo mettendo materassi contro le finestre e gettandovi sopra secchi d'acqua.

A causa delle dure condizioni e dell'acqua inquinata, i campi sono afflitti da dissenteria, tifo e colera. Ma ciò che Poljakov trova molto più grave è il consumo di droga tra i soldati. Quando l'ufficiale sorprende i suoi uomini a fumare hashish, li fa immediatamente frustare, ma ovunque i soldati demotivati ricorrono agli stupefacenti.

La vodka e i liquori fatti in casa sono un altro problema, di cui i mujaheddin fanno buon uso. Non appena i loro esploratori vedono che i russi sono ubriachi, attaccano o si intrufolano nell'accampamento per uccidere i soldati ubriachi.

A Kabul, un simpatizzante dei mujaheddin riesce persino a far ubriacare un politico e due consiglieri a tal punto da far loro perdere i sensi. L'afgano contatta i ribelli, che arrivano alla casa e prelevano i tre russi ubriachi di jet.

Abbiamo portato gli ubriachi in un rifugio in montagna. Quando hanno smaltito la sbornia, abbiamo dato loro la possibilità di convertirsi all'Islam. Hanno rifiutato. Non potevamo sparargli perché gli spari avrebbero potuto attirare l'attenzione di una postazione di sicurezza vicina, così li abbiamo seppelliti vivi", ci ha detto un mujahid.

Le armi straniere determinano la guerra

Sebbene i russi fossero frustrati dai limitati progressi compiuti in Afghanistan a metà degli anni Ottanta, avevano ancora un'arma potente: gli elicotteri d'attacco. Con le loro mitragliatrici e i loro missili, questi Mi-24 hanno seminato morte e distruzione in Afghanistan. E anche nel territorio di origine dei mujaheddin, in alta montagna, piloti esperti possono trovare un varco tra le pareti rocciose. Dall'aria attaccano qualsiasi cosa assomigli a guerriglieri o a spedizioni di armi e munizioni dal Pakistan.

I civili e i mujaheddin chiamano questi elicotteri "carrozze di Satana". I ribelli implorano i Paesi stranieri di fornire armi per poter eliminare questo incubo volante. Le loro preghiere vengono esaudite nel 1986, quando Ronald Reagan decide che il missile Stinger degli Stati Uniti deve essere prodotto in serie e inviato in Afghanistan nella lotta contro il comunismo.

Durante l'estate, i mujaheddin sono stati addestrati all'uso di questo missile antiaereo di ultima generazione e il 26 settembre un gruppo, guidato dall'ingegnere "Ghaffar", si è introdotto in una base aerea russa a est di Kabul. Quando quattro Mi-24 si avvicinano, i mujaheddin si accucciano con la nuova arma sulle spalle. Ogni secondo, tre missili Stinger sfrecciano in aria a 2.700 km/h e colpiscono tre elicotteri. Le macchine si trasformano in palle di fuoco prima di schiantarsi ed esplodere. I guerriglieri riagganciano i tubi dei fucili sulle spalle e scompaiono tra le montagne.

Questa azione segna l'inizio della fine dell'invasione russa dell'Afghanistan. La vita di un pilota di Mi-24 diventa improvvisamente pericolosa, e nei mesi successivi i russi perdono innumerevoli elicotteri, del valore di 12 milioni di

dollari ciascuno.

Gorbaciov vuole uscire dall'Afghanistan

Mentre l'Unione Sovietica è totalmente impantanata in Afghanistan, molto sta cambiando a Mosca, dove Mikhail Gorbaciov è diventato Segretario Generale del Partito Comunista. Il leader progressista non è favorevole alla guerra nel Paese vicino e nel novembre 1986 vuole fermarla.

Dobbiamo davvero continuare a combattere all'infinito per dimostrare che le nostre truppe non sono in grado di gestire la situazione? Dobbiamo concludere questo processo il prima possibile", ha detto Gorbaciov ai colleghi comunisti del Politburo.

I leader del Cremlino concordano di porre fine alla guerra entro due anni. Per sette anni, 620.000 russi e quasi 300.000 truppe governative afghane hanno cercato di sconfiggere i mujaheddin. La guerra non ha alcun sostegno popolare e sta costando una fortuna alla superpotenza - che i russi non hanno.

Nel 1987, Gorbaciov decise di ritirare metà delle truppe rimanenti dall'Afghanistan, mentre l'ultima metà sarebbe tornata in Unione Sovietica nel 1988. Finché ciò non avverrà, le truppe russe dovranno assumere una posizione difensiva. Da quel momento in poi, la lotta contro i ribelli è compito del nuovo leader comunista dell'Afghanistan, Mohammed Nadjiboellah.

Dalla Repubblica Democratica allo Stato Islamico

L'Accordo di Peshawar del 25 aprile 1992, che prevedeva una condivisione del potere all'interno di un governo di unità nazionale provvisorio, è stato firmato da sei dei sette principali partiti della resistenza antisovietica afghana. Alcuni resti del governo Nadjiboellah hanno appoggiato il cambio di potere. È sorprendente che l'Hezb-e Islami ("Partito islamico"), la fazione del pashtun Gulbuddin Hekmatyar, abbia rifiutato di firmare l'accordo. È stato dichiarato uno Stato islamico, è stata introdotta la legge islamica, sono stati chiusi i bar e le donne hanno dovuto indossare l'hijab. A giugno, Burhanuddin Rabbani, leader della fazione a maggioranza tagika Jamiat-e Islami ("Società islamica"), è stato nominato presidente ad interim del nuovo Stato islamico dell'Afghanistan. Il 30 dicembre 1992, Rabbani è stato eletto a capo di un consiglio di governo di sette membri per un mandato di due anni.

L'ascesa dei talebani

Tuttavia, la fazione Hezb-e Islami del leader ribelle
Hekmatyar (che si era separata da Jamiat-e Islami nel
1976) ha rivendicato una parte del potere e ha iniziato a
scontrarsi con le forze di Rabbani a partire da maggio. Si
accese una nuova guerra civile e diverse fazioni si
scontrarono. Dopo mesi di scontri, nel marzo 1993
firmarono un accordo: Hekmatyar divenne primo ministro
dell'Afghanistan in giugno e la presidenza di Rabbani fu
ridotta da 2 anni a 1,5 anni. Le battaglie tra le varie fazioni
ribelli, tuttavia, sono continuate e Kabul è stata in gran
parte distrutta dai bombardamenti delle fazioni in guerra.

A partire dalla fine del 1994, i Talebani (letteralmente:
"Studenti", cioè studenti di religione), una fazione islamica
rigorosa proveniente dal Pakistan, hanno compiuto
un'enorme avanzata, sono riusciti a conquistare ampie
zone del Paese e, dal 1996, hanno ospitato Osama bin
Laden, leader dell'organizzazione terroristica al-Qaeda.
Nel settembre 1996, i Talebani conquistano la capitale
Kabul e proclamano l'Emirato islamico dell'Afghanistan.
Hanno introdotto una rigida interpretazione della Sharia e
trasformato il Paese in una teocrazia. Le altre fazioni

formarono infine l'Alleanza del Nord (nome proprio: Fronte islamico unito per la salvezza dell'Afghanistan) alla fine del 1996, ma persero sempre più terreno.

Aumento delle tensioni internazionali

L'8 agosto 1998, i Talebani hanno conquistato Mazar-i-Sharif, compiendo un massacro della popolazione sciita che ha provocato circa 8.000 morti. Ciò ha provocato un grande shock nella comunità internazionale e l'Iran ha minacciato per qualche tempo di invadere il Paese per proteggere gli sciiti, ma con la mediazione delle Nazioni Unite ha rinunciato a farlo.

Nello stesso anno, Al-Qaeda ha compiuto due attentati alle ambasciate statunitensi in Kenya e Tanzania. Nel 1999, l'FBI ha inserito Osama bin Laden nell'elenco delle 10 persone più ricercate.

L'anno successivo, i Talebani hanno riconosciuto la Cecenia come repubblica islamica indipendente, aumentando le tensioni con la Russia. Nel dicembre 2000, le Nazioni Unite hanno adottato la risoluzione 1333 che imponeva sanzioni al regime talebano, chiedendo di smettere di sostenere le organizzazioni terroristiche e di cessare immediatamente le violazioni dei diritti umani, soprattutto nei confronti di donne e ragazze. Nel marzo 2001, i Talebani hanno distrutto i famosi Buddha di Bamyan perché li consideravano "idolatria", provocando nuovamente grandi proteste internazionali.

Intervento degli Stati Uniti

L'11 settembre 2001, 19 dirottatori di Al-Qaeda hanno compiuto attacchi terroristici negli Stati Uniti, causando la morte di quasi 3.000 cittadini americani. Gli Stati Uniti l'hanno trattato come un attacco diretto, hanno chiesto l'aiuto dei loro alleati della NATO e hanno dichiarato guerra ad Al-Qaeda e a tutte le altre organizzazioni terroristiche.

Dopo il rifiuto dei Talebani di consegnare Osama bin Laden e i suoi scagnozzi, il 7 ottobre 2001 gli Stati Uniti e le altre forze della NATO hanno invaso l'Afghanistan, come alleati dell'Alleanza del Nord. Questo ha dato inizio alla guerra afghana (2001-oggi). Dopo tre mesi, il Paese era quasi interamente sotto il controllo dell'Alleanza del Nord e della NATO, ma Bin Laden e altri leader di Al-Qaeda e dei Talebani erano già fuggiti dal Paese. Da allora, i Talebani

e Al-Qaeda conducono una guerriglia per cercare di
riconquistare l'Afghanistan.

www.ingramcontent.com/pod-product-compliance
Lightning Source LLC
Chambersburg PA
CBHW071449150726
48000CB00006B/2500